Ho Jaaye Malhaar..!!

Dr. Aditya Pethe

BookLeaf Publishing
India | USA | UK

Made with ❤ on the BookLeaf Publishing Platform
www.bookleafpub.in
www.bookleafpub.com

Dedication

"In loving memory of my father, who first inspired my love for languages."

Preface

हो जाए मल्हार..!! — The title of this collection evokes the monsoon's arrival, a symbol of renewal, longing, and the tumultuous emotions that wash over the human soul. "*हो जाए मल्हार..!!*" captures the essence of yearning for release and transformation amidst the storms of existence. It sets the tone for the poems within, which navigate the depths of struggle, hope, and the relentless quest for meaning in a world often drenched in uncertainty. This invocation is not a call to divine intervention but a summons to the raw forces of nature and existence itself — the relentless cycles of change, the stirring of the inner tempest, and the unyielding flow of life that shapes us all. It is an embrace of the elemental, the tangible, and the immediate, reflecting a journey grounded in reality rather than faith.

In the daylight hours, my hands are bound to the empirical truths of human existence. As a doctor, I navigate the fragile architecture of the physical body, diagnosing ailments and seeking earthly cures. Yet, I have long realized that the deepest wounds we carry do not bleed, and the most profound hollows within us cannot be mended with medicine. They can only be endured, witnessed, and ultimately, written. When the clinical certainty of the day fades and the world quiets down, I seek refuge in the intoxicating world of poetry under the guise of "सुर्ख़ बाज़" (*तख़ल्लुस*).

I have always believed that poetry is not simply a craft of words, but a revelation of the soul. In these verses, I have tried to capture the *ख़ालीपन* (emptiness), the *मलाल* (regret), the *इश्क़* (love), and the *ख़ुदी* (selfhood) that define the human condition. Each poem in this collection is born from my own encounters with solitude, memory, and the eternal dialogue with existence itself—without recourse to *रब* (God). They are not written to provide answers, but to echo the questions that linger in the heart, grounded in the reality of the here and now.

This collection is not a celebration of despair, but an acknowledgment of its presence in life. It is a journey through memories hidden in the mind, regrets measured against time, and questions posed to divinity. It is also a declaration of resilience—the determination to climb the summit of existence alone, to affirm one's worth despite judgment, and to rise above oppression.

As you read, I invite you to walk with me through the corridors of memory, the shadows of time, and the fragile spaces between faith and doubt. May you find echoes of your own journey in these verses, and may they remind you that even in solitude, there is companionship; even in silence, there is meaning; and even in despair, there is the possibility of transcendence.

Readers familiar with the nuances of Urdu poetic forms will notice a deliberate variety in the structures I have employed. You will find the classic "ग़ज़ल", characterized by its rigorous meter, repeating "*रदीफ़*" (refrain), and "*क़ाफ़िया*" (rhyme), which I have used to capture the cyclical, inescapable nature of sorrow and numbness. You will also encounter standalone "*अशआर*" (couplets)—brief, piercing strikes of thought that capture the dark romance of mortality or the irony of human observation in just two lines. For moments of sheer defiance and intellectual arrogance—where I assert my "ख़ुदी" (selfhood) against the heavens—I have utilized the "मुसल्लस", a dynamic form consisting of three-line stanzas (tercets) that build a relentless, rhythmic momentum. And yes, the book also features the "मुसद्दस". This is a classical poetic form comprising stanzas of six lines each.

As you turn these pages, I invite you to leave behind the expectations of right and wrong. This book is a mirror held up to the "कशमकश" (struggle) of simply being alive, where every question is a step into the unknown, and every silence holds the weight of unspoken truths. Here, there are no easy answers, only the raw, unfiltered experiences of existence — fragile, fleeting, and fiercely real. May these verses challenge, comfort, and compel you to embrace the complexity of life without illusion or escape.

- Dr. Aditya Pethe

जमकर हुई है बारिश...

बारिश का अपना एक मिज़ाज होता है—वह कब, कहाँ और कितनी बरसेगी, इस पर किसी का इख़्तियार नहीं। कभी ऐसा लगता है कि यहीं बरसेगी, पर नहीं बरसती; और कुछ ही दूर पर धरती भीग जाती है। कला भी कुछ ऐसी ही रहस्यमयी है। हमारे यहाँ इसे माँ सरस्वती की कृपा कहा जाता है—वह किस पर, कब और कैसे बरसे, इसका कोई तर्क मनुष्य नहीं दे सकता।

जब डॉ. आदित्य पेठे ने अपनी ग़ज़लों तथा नज़्मों की पुस्तक *'हो जाए मल्हार'* मेरे हाथों में रखी, तो वह सुखद आश्चर्य हुआ—जैसे अचानक हुई बारिश की सोंधी खुशबू मन को भिगो दे। आदित्य से मेरा परिचय तब से है, जब वह एक किशोर था। उसके परिवार से मेरा आत्मीय संबंध रहा है। एक अर्थ में, मैंने उसे अपनी आँखों के सामने बढ़ते, एक सफल दंत-चिकित्सक (डेंटिस्ट) बनते, फिर पति और पिता के रूप में परिपक्व होते देखा है। लेकिन उसके भीतर एक कवि, एक शायर भी बसता है—यह मुझे तब ज्ञात हुआ, जब उसने यह अद्भुत ग़ज़लों

और नज़्मों का संकलन मेरे समक्ष रखा।

मेरा हमेशा से यह मानना रहा है कि कवि, शायर, संगीतकार या चित्रकार बनाए नहीं जाते, वे जन्मजात होते हैं। कोई केवल कलम उठाकर या कंप्यूटर के सामने बैठकर सोचकर 'रचने' की कोशिश करें, तो वह सृजन संभव नहीं होता। फ़न को लाया नहीं जा सकता; हाँ, यदि ईश्वर की रहमत किसी पर बरस जाए, तो रियाज़ उसे निखार अवश्य सकता है। आदित्य उन्हीं खुशनसीब फ़नकारों में से है, जिसे बचपन से ही ऐसा वातावरण मिला, जहाँ उसके भीतर के कलाकार के बीज को उचित खाद, पानी और आबोहवा मिली।

विशेष रूप से उसके पिताजी, स्वर्गीय डॉ. विजय पेठे जैसे विद्वान व्यक्तित्व विरले ही देखने को मिलते हैं। संस्कृत, हिंदी, मराठी, गुजराती, उर्दू और अंग्रेज़ी—इन सभी भाषाओं के साहित्य का उनका गहन अध्ययन था। संपूर्ण पेठे परिवार ही कला-प्रेमी और अध्ययनशील रहा है। यही संस्कार बालक आदित्य के भीतर गहराई से उतरते गए और उसके भीतर का सृजन-बीज अंकुरित होकर फलने-फूलने लगा। इस यात्रा में उसकी पत्नी शारदा (अदिति) का स्नेह और सहयोग भी सराहनीय है।

आदित्य ने बड़े आदर और स्नेह से मुझसे *'हो जाए मल्हार'* की प्रस्तावना लिखने का आग्रह किया। सच कहूँ तो मैं स्वयं को इसके योग्य नहीं मानती, क्योंकि भले ही मैं लेखन से जुड़ी हूँ, पर उर्दू ग़ज़ल और शेर-ओ-शायरी पर मेरा कोई विशेष अधिकार नहीं है। हाँ, काव्य-साहित्य को सुनने और पढ़ने में मेरी रुचि बचपन से अवश्य रही है।

ग़ज़ल और नज़्मकार डॉ. आदित्य पेठे 'सुर्ख़-बाज़' ने मुझे सचमुच चकित किया है। ग़ज़ल के छंद-प्रविधान, रदीफ़-क़ाफ़िया की औपचारिक तालीम के बिना भी जिस सहजता से उन्होंने अपनी ग़ज़लों में इनका निर्वाह किया है, उसे मैं ईश्वर का चमत्कार ही मानती हूँ। और यह भी उतना ही सत्य है कि ईश्वर अपनी रहमत उसी पर बरसाता है, जो उसका पात्र होता है।

आग़ोश में तेरे लिपट मिलता है सुकून,
बे-जवाब सवालों का मिलता है मज़मून।

इस शेर पर नज़र पड़ते ही पहले-पहले यह किसी आशिक़ का अपनी माशूका से संवाद प्रतीत होता है, पर इसकी गहराइयों में उतरें तो यह भाव किसी भक्त का अपने भगवान से संवाद भी बन जाता है।

इन ग़ज़लों में हमें प्रेमी आदित्य, खोजी आदित्य, अपनी 'सुर्ख़-बाज़' नज़रों से कायनात को परखता हुआ आदित्य, और 'कर्ज़दार' जैसी रचनाओं में अपनी बेटी के प्रति स्नेह से भरा हुआ एक संवेदनशील पिता दिखाई देता है।

मेरी हार्दिक कामना है कि 'सुर्ख़-बाज़' की यह उड़ान ग़ज़ल और नज़्म के इस विस्तृत आकाश में और भी ऊँचाइयाँ छुए और उसकी कलम से यूँ ही मल्हार बरसती रहे।

— **गीता माणेक**

(लेखक, नाटककार एवं पत्रकार)

Acknowledgements

This book of poems is the culmination of countless moments of reflection, solitude, and heartfelt dialogue with my own soul. I am deeply grateful to those who have walked beside me—sometimes in silence, sometimes in words—offering encouragement when the journey felt heavy and the path uncertain. To my beloved family and friends, who have patiently witnessed my endless drafts, revisions, and moments of doubt, their unwavering support and faith in my voice have been my anchor.

I acknowledge with reverence the rich traditions of *Urdu* and *Hindi* poetry, whose rhythms and metaphors have shaped my imagination and given me the language to express what often remains unspoken. The echoes of "*ग़ज़ल*" and "*नज़्म*"are not merely literary forms here but living companions that have gently guided me through the labyrinth of memory, time, and existence.

I am profoundly indebted to the grand masters of Urdu poetry like **Mirza Ghalib**, **Allama Iqbal and Jaun Elia** whose enduring legacies laid the very path I now tread. Their timeless words provided the exact vessels I needed to hold my grief, my rebellion, and my love.

While this collection finds its voice in Urdu and Hindi, the fundamental rhythm of my poetic heartbeat was shaped by my roots in Marathi poetry. I have spent countless hours internalizing the poetries of the *Ghazal Samrat*, **Suresh Bhat**, a profound immersion that has shaped my own journey of writing poetry in Marathi as well as Hindi and has left me forever indebted to his legacy. It was his work that taught me how to fuse profound, aching melancholy with an absolute, fiery rebellion.

It is with deep gratitude that I thank **Ms. Geeta Manek** for gracing my poetry collection *Ho Jaye Malhar* (हो जाए मल्हार) with her insightful preface. It is a profound honor to have my exploration of Nazms and Ghazals validated by a literary luminary of her stature.

Ms. Manek is a distinguished Indian **author, playwright and journalist**, whose versatile oeuvre includes the research-based docu-novel *Sardar – The Game Changer* and the multilingual play *Dr. Anandibai – Like, Comment & Share*. She is a recipient of the **Harivanshrai Bachchan Sahitya Ratna Puraskar** and a **Lifetime Achievement Award** from the Maharashtra State Hindi Sahitya Academy. Her work has been acknowledged by eminent leaders such as Hon. Union

Home Minister **Amit Shah**, External Affairs Minister **Dr. S. Jaishankar**, Chief Minister of Maharashtra **Devendra Fadnavis**, and former Governor **Bhagat Singh Koshyari**, among others.

That a writer of her national standing—who has crafted resonant narratives from plays like *Bombay Flower* to award-winning cinematic dialogues—took the time to read, reflect upon, and bless my humble verses is a gesture I will forever cherish. Her generous wishes and the precious time she devoted to this endeavor have elevated this book, making her foreword a treasured cornerstone of my literary journey.

Finally, I extend my heartfelt thanks to the readers who now hold this book in their hands. Your presence breathes life into these "*अशआर*" beyond the page. May you find in them echoes of your own journey, and may they remind you that even in solitude, there is companionship; even in sorrow, there is strength; and even in despair, there is the possibility of transcendence.

हो जाए मल्हार..!!

डॉ. आदित्य पेठे ('सुर्ख़ बाज़')

ज़माना ही था पराया, जीना एक उलझन,
कायनात का ज़र्रा और क़तरा बना दुश्मन।

और करे इतने जो सितम, अब वो ही है मधुबन,
बेख़ौफ़ हम चले बाँधकर क़यामत-ए-कफ़न।

परवाज़-ए-फ़लक ऐसा जो गरजकर, सुर्ख़ बादल अब कफ़न पर
बरसेंगे,
सैलाब-ए-ख़ून पिया जो हमने, "सुर्ख़ बाज़"
नाम से अब जानेंगे।

वक़्त

बीते कई दिन, कुछ साल गुज़रे,
बयाँ न हुआ दिल अब तक क़लम से।

दिन थे तब बड़े ही ख़ुशमिज़ाज,
काग़ज़ जब सुनाते दिल की दास्ताँ।

तब, आज की फ़िक्र थी न कल का था डर,
ख़ुशनुमा लम्हों में गुज़र जाते थे पल।

आया जब हक़ीक़त-ए-ज़िंदगी का सैलाब,
बह गए लम्हे, बन गए दास्ताँ।

वक़्त के तक़ाज़े से रूबरू, खोईं जो पंक्तियाँ,
तहरीर-ए-क़ब्र बनीं, उठे जब जनाज़ा।

ख़ामोशी का हिसाब अब मौत देगी,
कफ़न बोलेगा, जब दुनिया सुनेगी।

नज़्म की रूह से...

"वक़्त" captures the melancholic journey of a silenced poet. It begins with a deep sense of nostalgia for a carefree past, a time when the heart and the pen were in perfect harmony, and emotions flowed effortlessly onto paper without the fear of tomorrow.
However, the inevitable realities of life ("हक़ीक़त-ए-ज़िंदगी का सैलाब") wash away those joyful moments, turning them into mere memories. The demands of time strip away the words, leading to a profound and tragic silence. The lost lines of poetry eventually become the silent inscription on the poet's grave ("तहरीर-ए-क़ब्र"). The poet's unspoken words will ultimately be voiced by death itself. In the end, it is the shroud ("कफ़न") that will speak the absolute truth, forcing the world to finally listen to the silence it once ignored.

तक़ाज़े - मांग, आवश्यकता
तहरीर-ए-क़ब्र - क़ब्र की लिखावट (यानी मौत के बाद पत्थर पर लिखा गया आपका आख़िरी पैग़ाम)

जायज़

बेफ़िक्री की फ़िक्र जब बन जाए हमसाया,
परिंदों का चहकना, बाग़ों का खिलना लगे पराया।
तब जायज़ है...

मौत के साये में परिंदों का थरथराना,
ख़ौफ़ की खाई में कलियों का मुरझाना।

धुंधली हैं राहें, नम है निगाह,
ना मौत का डर, ना जीने की आह।

ख़ामोशी की गूँज, बेलफ़्ज़ है ज़माना,
ना उम्मीद की दस्तक, ना सुकून का ठिकाना।

सिलसिला-ए-ग़म देख, खिल उठा वही गुलशन,
जलसा-ए-इंतक़ाल में, रक़्स करे परिंदा-ए-मन।

जश्न-ए-ग़म पर ही अब है एतबार,
अंधेरे के साये में, मौत भी लगे शृंगार।

नज़्म की रूह से...

"जायज़" paints a haunting picture of a mind consumed by despair, where the very concept of being carefree becomes a source of anxiety, and the natural beauty of the world—like chirping birds and blooming gardens—feels alien and detached. It captures the profound emotional desolation where life loses its meaning, leaving one numb to both the fear of death and the desire to live. In this silent, wordless existence devoid of hope or peace, a tragic acceptance emerges: the "garden" of the mind finally blossoms only in the continuous cycle of sorrow. Ultimately, it depicts a state where grief is celebrated ("जश्न-ए-ग़म"), the soul dances in the gathering of death ("जलसा-ए-इंतक़ाल"), and the darkness of mortality is paradoxically embraced as the only remaining solace and adornment ("शृंगार")

जलसा-ए-इंतक़ाल - मृत्यु या रुख़सत होने की महफ़िल/सभा
रक़्स - नृत्य , **परिंदा-ए-मन** - मन रूपी पक्षी
जश्न-ए-ग़म - दुख या शोक का उत्सव
एतबार - विश्वास, भरोसा या यक़ीन

गर्द

कई साल बाद हम मिले, लगा बिखरे पल अब सिमटने लगे,
तारीख़ गवाह है, मुलाक़ात थी वो नायाब, कैसे बयाँ करें।

कई पहर गुज़रे दरमियाँ उस दिन, मगर वक़्त मुख़्तसर लगा,
बातों-बातों में, नई-पुरानी यादों में, फ़िराक़-ए-यार हुआ।

लगा कि लम्हा-ए-रुख़्सत को दिल के दामन में छुपा लूँ कहीं,
ख़याल-ए-मुकम्मल से पहले वो लम्हा ही बीत गया तभी।

देखता रहा दूर जाती छवि तेरी, क्या पता, कब हुईं आँखें नम,
फिर अपनी राह पर चल पड़ा मैं, साथ लिए वो मीठा ग़म।

नतीजे से बेख़बर, मदहोशी में चला तीर-ए-अल्फ़ाज़ जभी,
यारी के ग़ुरूर में, तजावुज़ लिपट गया आग़ोश-ए-नफ़रत से तभी।

बे-इलाज ज़ख़्म कर तीर रुका, राह पे फैल गया, गर्द-ए-मलाल है,
मुस्तक़बिल अब धुंधला है, सिमटा हुआ कल, आज फिर बिखरा पड़ा है।

नज़्म की रूह से...

"गर्द" captures the bittersweet arc of a long-awaited reunion and a hope of mending the past. The warmth of reconnecting with an old companion, where time feels painfully fleeting amidst the flow of shared memories is indeed bittersweet. The delicate moment of parting often settles into a quiet, lingering sadness. Sometimes due to the arrogance of close familiar friendship, careless, piercing words ("तीर-ए-अल्फ़ाज़") are spoken in the blind. This thoughtless transgression transforms newly revived bond into an embrace of hatred, leaving behind an incurable wound and a heavy cloud of sorrow ("गर्द-ए-मलाल") that shatters the once-mended past and completely obscures the future.

मुख़्तसर - बहुत छोटा / संक्षिप्त
फ़िराक़-ए-यार - दोस्त से जुदाई
लम्हा-ए-रुख़्सत - विदाई का पल / जाने का समय
तजावुज़ - हद से आगे बढ़ जाना
आग़ोश - आलिंगन / बाहों का घेरा
गर्द-ए-मलाल - अफ़सोस की धूल , **मुस्तक़बिल** - भविष्य

हसरत

आज की तारीख़ में तेरा यह ग़ुस्सा जायज़ है,
बरसों से उबलता यह लावा बेवजह नहीं है।

बयाँ ना हो सका था तब यह रिश्ता-ए-पाकीज़ा,
क़ुबूल हैं अब सारे गिले-शिकवे, ओ हुस्नवा !

गुज़रे वक़्त के अय्याम थे सारे सराब-नुमा,
अक्स-नुमा ये लम्हे बिखरे, समझ, ओ हुस्नवा !

जादू-असर थे वो पल तब, अल्फ़ाज़ हक़-नुमा,
दीदार तेरा गहरी हसरत है अब, ओ हुस्नवा !

जीते-जी ख़ुद को करूँ कैसे ख़ुद ही से रिहा,
अक्स-ए-ज़ात को मेरे क्या जवाब दूँ, ओ हुस्नवा !

नज़्म की रूह से...

"हसरत" is a confession of unresolved emotions, profound regret, and lingering yearning for one's beloved—acknowledging her long-held, justified anger and accepting that a pure, sacred bond ("रिश्ता-ए-पाकीज़ा") was tragically left unspoken. In retrospect, those bygone days seem like fleeting, heartbreaking illusions ("सराब-नुमा"), though the magic and truth of those moments continue to resonate. Life feels trapped in an internal conflict between mind and heart, with a desperate longing to see her one last time ("दीदार"). Often, it feels like being imprisoned within existence itself, unable to break free or confront the piercing questions of the soul ("अक्स-ए-ज़ात").

रिश्ता-ए-पाकीज़ा - बेहद पवित्र और साफ़ रिश्ता
जादू-असर - जादुई प्रभाव वाला , **अय्याम** - दिन / वक़्त
सराब-नुमा - मृग तृष्णा या छलावे के जैसा
अक्स-नुमा - परछाईं या प्रतिबिंब की तरह
हक़-नुमा - सच दिखाने वाला / सच्चाई बयान करने वाला
अक्स-ए-ज़ात - ख़ुद की परछाईं / अपनी ही आत्मा का अक्स

वादा था बिछड़ेंगे नहीं क़यामत तक,
जो बिछड़े तो वो दिन क्या कुछ कम था।

"The promise was, we would never part until the end of time,
Yet when we parted, was that day any less than doomsday?"

अक्स-ए-यार

आग़ोश में तेरी लिपट मिलता है सुकून,
बे-जवाब सवालों का मिलता है मज़मून।

राह-ए-ज़िंदगी चला था मैं तन्हा मुसाफ़िर,
दिल का न ठिकाना कोई, तन्हाई मेरी काफ़िर।

अनजान कूचों में जला आपकी सादगी का दीया,
भँवर-ए-मायूसी में एक नायाब कँवल खिला।

बर्ग-ए-कँवल पर खिला मेरा अश्क-ए-शबनम,
पनाह में आपकी मिला मेरे ज़ख़्मों पे मरहम।

थमा ज़माना जब सिलसिला-ए-इश्क़ का हुआ आग़ाज़,
ज़ुल्फ़ों की छाँव में दिन ढलना यही है अब रिवाज़।
अल्फ़ाज़ करें सरगोशी...

अज़ीम है हया आपकी, उल्फ़त है हमारी, मज़ार मगर,
आईने से रूबरू हूँ मैं, पर अक्स आपका आए नज़र।

नज़्म की रूह से...

"अक्स-ए-यार" speaks about Life, that often seems aimless and is a solitary journey unless you find someone special whose mere existence solves the unsolved problems of the past. And suddenly when that someone's existence becomes evident in the unfamiliar lanes of life, The despair transforms into fragile beauty, and offers shelter to once tormenting heart. With the onset of love, time itself seems to pause and a new pleasant longing for the beloved begins. The poem ends with a playful comparison of love; beloved's sanctity of love is accepted but it is no less than the *musafir* love. The love of the *musafir* is such that even when he sees himself in the mirror, he sees the refection of his sweetheart.

कूचों - गलियों (कूचा)
भँवर-ए-मायूसी - निराशा का भँवर
बर्ग-ए-कँवल - कमल की पंखुड़ी या पत्ता
अश्क-ए-शबनम - ओस की बूँद रूपी आँसू
सरगोशी - कान में धीरे से कुछ कहना

क़र्ज़दार

हसीन बग़ीचे में हमारे, खिली एक नन्हीं कली नायाबतरीन,
ख़ुशनुमा था ज़माना, मगर अब हर लम्हा ख़ुशनुमातरीन।

आँखों में कटी रातें, वो जिस्मानी अज़ियत सब है जायज़,
जब मासूम नज़्में ज़ाहिर करें ये नन्हीं किताब के काग़ज़।

दिल पे हुकूमत करें ये तेरी नटखट और नादान हरकतें,
हो जाऊँ ख़िलाफ़ तेरे इतनी कहाँ जुर्रत, हैं माफ़ सारी शरारतें।

आहट से तेरी गूँजता है बसेरा, मुस्कुराहट से गुलज़ार है बग़ीचा,
आबाद हो उम्र-ए-तमाम तेरी, तेरे हर एक ग़म को हमने है सींचा।

रिश्ता ये अलग रूहानी, मुस्तक़बिल तेरा, पर ख़्वाब देखें हम,
तू चले तो रास्ता है, रुक जाए तो ठहर जाएँ हमारे क़दम।

होने से ही तेरे वजूद हमारा, इस बात का है एतबार,
क़यामत-ए-कायनात तक हैं हम मुक़द्दर के क़र्ज़दार।

नज़्म की रूह से...

"क़र्ज़दार" is dedicated to my lovely daughter. A cute little bud blossomed in my home, and our happiness knew no bounds. All those sleepless nights and all the physical torment of pregnancy feel worth it when the tiny book of her innocent poems is revealed. Her playful and naive little antics rule over my heart. Dare I go against her! All her mischief is already forgiven. Her presence and smile make our house a home. "May you be blessed with a happy life and let me take all your sorrows" that's my desire for her. We are bound by our very souls such that her future dreams become mine. My very existence stems from her being. Until Doomsday, we (myself and her mother) remain forever indebted to destiny.

ख़ुशनुमातरीन - सबसे ज़्यादा ख़ुशनुमा या सुखद

नायाबतरीन - सबसे अनमोल / सबसे दुर्लभ

अज़ियत - तकलीफ़ / पीड़ा (यहाँ रातों को जागने और बच्चे की परवरिश की मेहनत के संदर्भ में)

क़यामत-ए-कायनात - दुनिया या ब्रह्मांड के अंत तक

मुक़द्दर - भाग्य / क़िस्मत
उम्र-ए-तमाम - पूरी उम्र / संपूर्ण जीवन

ख़ैर

बरख़िलाफ़ हो ज़माना, ख़ैर, हम जी लेंगे।
ख़ुद-अज़ियती है काफ़ी, ख़ैर, हम जी लेंगे।

अज़मत-ए-रफ़्ता है एक सराब, ख़ैर, हम देखेंगे।
मौजूदा वक़्त एक ख़ौफ़नाक तस्वीर, ख़ैर, हम देखेंगे।

मायूसियों के ज़हर का सैलाब, ख़ैर, हम पी लेंगे।
बर्ग-ए-हयात पे शबनम-ए-तेज़ाब, ख़ैर, हम पी लेंगे।

लिखी है 'सुर्ख़ बाज़' ने जज़्बातों की दास्तान-ए-मुख़्तसर।
सितम की ये पूरी किताब, ख़ैर, हम पढ़ लेंगे।

नज़्म की रूह से...

"ख़ैर" is a profound anthem of endurance and existential resilience in the face of inescapable suffering. Against all odds of the universe, forgetting our own pain (ख़ुद-अज़ियती), one has to live. Past glories may seem comforting, but they are a mirage; and though the present may seem terrifyingly bleak, we have to face it. Rather than fighting or fleeing from overwhelming despair in this fragile existence—the fragile leaf of life (बर्ग-ए-हयात)—it is to be embraced heroically. Ultimately, true strength lies in the quiet, unyielding courage to bear witness to life's cruelties, stepping up to endure and "read" the entire grueling book of tragedy that destiny has handed down.

बरख़िलाफ़ - ख़िलाफ़ / विपरीत
ख़ुद-अज़ियती - ख़ुद को तकलीफ़ देना
अज़मत-ए-रफ़्ता - बीती हुई महानता
सराब - छलावा / मृग तृष्णा , **बर्ग-ए-हयात** - ज़िंदगी का पत्ता
शबनम-ए-तेज़ाब - तेज़ाब की ओस
दास्तान-ए-मुख़्तसर - छोटी सी कहानी / संक्षिप्त दास्तान

रानाइयाँ

शब-ब-शब भरते रहे जो प्याला ही रहनुमा,
रू-नुमा हुई एक हूर-ओ-नाज़नीं, कहते उसे नग़मा।
हुस्न था मिसरा ने सजाया, रूह बहर-ए-ख़ुशनुमा;
होंठ मदहोश बख़ुदा, निगाहें अल्फ़ाज़-आलूदा सुरमा।
ख़ूब लगती फ़लक पर उजागर, जगमगाता कोई नज़्मा।

करती बेबाक रुसवाइयाँ, कभी नादान गुस्ताख़ियाँ;
काग़ज़-ए-बयाँ होकर बढ़ाती अपनी रानाइयाँ।
वहशत-ओ-दहशत, कभी सुकून की लेती अंगड़ाइयाँ;
दिन-ब-दिन बढ़ती रहीं इस सिलसिले की गहराइयाँ।
ज़र्रे-ज़र्रे तक महके हम – तो आपके हुए ख़ातिर-नुमा।

जब निगाहों से निगाहें मिलीं, तब हमारा एक नया आग़ाज़;
नज़्में जब सुनीं आपकी, तो हमारा छिड़ा ख़ूब तब साज़।
लुत्फ़ आपका जो फ़रमाया, तो कुछ अलग ही लगे ये अंदाज़;
शराबी ज़माना तू साक़ी, रिंद-ए-साक़ी 'सुर्ख़ बाज़'।
पहलू-ए-यार में, मैं न तन्हा रहा, हुआ मैं आबाद-नुमा।

नज़्म की रूह से...

"रानाइयाँ" is deeply layered. The journey moves from the solitary, intoxicating numbness of the night into the vibrant embrace of a divine muse who is the very embodiment of poetry or melody itself—"नग़मा." She is a captivating figure whose beauty is woven from poetic verses, her soul set to meter, and her eyes lined with the kohl of words. Is she a romantic lover or the abstract art of writing? "She" acts as a terrifying and rebellious companion who brings emotional chaos, yet sometimes gracefully unfolds herself to offer solace, much like poetry adorned with the nine sentiments. If she is the *Saqi* (साक़ी)—the one who pours the wine—am I intoxicated by her, or intoxicated by the love of writing poetry? Ultimately, through this profound union of romance and literary devotion, a once-desolate existence is transformed into a flourishing sanctuary of fulfillment.

शब-ब-शब - रात-दर-रात / हर रात

रू-नुमा - प्रकट होना / सामने आना

नाज़नीं - बेहद हसीन और नाज़ुक महबूबा

मिसरा - कविता या ग़ज़ल की एक पंक्ति

बहर-ए-ख़ुशनुमा - शायरी का सुंदर छंद

अल्फ़ाज़-आलूदा - अल्फ़ाज़ (शब्दों) से सना हुआ

नज्मा - सितारा

काग़ज़-ए-बयाँ - वो काग़ज़ जिस पर जज़्बात बयां किए गए हों

वहशत-ओ-दहशत - पागलपन और खौफ़

ख़ातिरनुमा - आदर-सत्कार दिखाने वाला

साक़ी - शराब पिलाने वाला

रिंद - शराबी / मस्तमौला

पहलू-ए-यार - उसकी आगोश में

आबाद-नुमा - आबाद दिखने वाला

क़क़नूस

चाहत जो कामिल आपकी, इश्क़ के क़लंदर हो गए,
छू लिया आपने तो ज़र्रे-ज़र्रे तक मुअत्तर हो गए।

मुख़्तसर झलक की चाह से, वक़्त से भी लड़ गए,
आबदार हैं तेरी निगाहें, तो हम समंदर हो गए।

शर्मसार पलकें झुकाईं तो आन-ए-फ़ुरक़त सितम लगे,
रश्क-ए-अदा छलकती आपकी, तो हम भी साग़र हो गए।

नशा-ए-तारीकी-ए-क़ुर्बत, शमा जली तो गुलज़ार हुए,
नूर-ए-फ़िराक़ की तपिश में, कुंदन हम जल कर हो गए।

"आपका ना होना क़यामत से वीरान है", 'सुर्ख़ बाज़',
मंज़र सारा राख-सा, मगर क़क़नूस हम उभर कर हो गए।

नज़्म की रूह से...

"क़क़नूस" is my confession of love as a transformative force—where longing elevates me into a state of spiritual surrender, like an acetic (क़लंदर) lost in devotion. Her touch perfumes every particle of my being; radiant gaze turns me into an ocean and even the shy lowering of her eyes makes me overflow like a brimming glass of wine. In the darkness of closeness, her presence lights me into a garden, while the burning heat of separation refines me like pure gold. Her absence feels like an apocalypse, leaving the world in ashes, yet from that ruin I rise again like a phoenix (क़क़नूस) for her. It is how the love consumes me, destroys me, and resurrects me endlessly, making my existence both fragile and eternal.

कामिल - मुकम्मल
क़लंदर - दुनियादारी से आज़ाद
मुअत्तर - सुगंधित
आबदार - पानीदार या नमी से भरी
आन-ए-फ़ुरक़त - जुदाई का पल या समय

रश्क - नाज़
साग़र - शराब का प्याला
तारीकी-ए-क़ुर्बत - नज़दीकियों का या एकांत का अँधेरा
कुंदन - आग में तपकर निखरा हुआ शुद्ध सोना
क़क़नूस - एक पौराणिक पक्षी (Phoenix) जो अपनी ही राख से दोबारा ज़िंदा हो जाता है
मंज़र - नज़ारा

नशा

क़तरे से बढ़ती हुई, मेरी हक़ीक़त से कुशादा हो गई,
पहले होश, फिर मदहोश, फिर ग़र्क़-ए-बादा हो गई।

पल-ब-पल बढ़ती ही गईं, इस जाम की गहराइयाँ,
पहले जाम, जाम-ए-वफ़ा, फिर अंजाम-ए-वादा हो गई।

दिन-ब-दिन सरमस्त कर के, रूह तक उतरती गई,
पहले शौक़, फिर जुनून, फिर एक इरादा हो गई।

नशा इस क़दर हुआ कि होश-ओ-हया सब खो गए,
पहले तू, फिर दिल-लगी, फिर दिल-निहादा हो गई।

नशा है तेरा या तेरा ही नशा आतिश, 'सुर्ख़ बाज़',
कहाँ ख़ुदा, कहाँ बे-ख़ुदा, ख़ुदा से ज़्यादा हो गई।

नज़्म की रूह से...

"नशा" is my journey of surrender to love's intoxicating power—where a single drop of desire expands into the vastness of my reality. What begins as awareness turns into intoxication, and finally into complete immersion, as each moment deepens the devotion from fidelity to destiny itself. Day by day, this passion for my beloved descends into my soul, transforming simple longing into obsession and then into a resolute purpose. The intoxication is so overwhelming that all sense and restraint dissolve—first you, then playful affection, and ultimately the heart itself becomes consecrated. In the end, your presence is the very essence of my intoxication, a fire greater than divinity itself, where I lose the boundary between God and self, and find you as something beyond both. It is the story of how love consumes me, sanctifies me, and elevates me beyond existence.

कुशादा - व्यापक
ग़र्क़-ए-बादा - शराब में डूबा हुआ

सरमस्त - मगन
होश-ओ-हया - चेतना और लाज
दिल-निहादा - दिल सौंप देना

फ़ासला

काफ़िर मैं, राह पर कहीं ठहरा,
वहीं पर था एक ख़ुदा का बसेरा।
अवाम ने डाला जो वहीं बड़ा घेरा,
दुरुस्त-ओ-ग़लत ईमान था बहुतेरा।
आब-दीदा ख़ुदा दूर से ही बोला,
"माफ़ कर, तू तो भाई, रख फ़ासला।"

ग़म में रुलाया, राहत में हँसाया,
ग़ैर-ज़िम्मेदार सब, क्या पहनी चूड़ियाँ?
क्या हूँ बस अवाम की बेबस गुड़िया?
भाई! मुझको तो बशर ने ही बसाया।
मैं बोला, "कई सारी हैं तेरी रुसवाइयाँ,
होकर बयां, बढ़ा अपनी रानाइयाँ।"

कोई मंदिर में हवन है करता,
कोई मज़ार पर चादर चढ़ाता।
कोई क़ब्र पर फ़ातिहा है पढ़ता,
कोई चिता को तर आँखों से जलाता।

मुल्हिद 'सुर्ख़ बाज़' देखे रब दर्दज़दा,
दीदार मुझसे हो तो बा-अमन हो ख़ुदा।

नज़्म की रूह से...

"फ़ासला" is my reflection on the paradox of faith and humanity– Branded a "काफ़िर", I encounter God only to find Him imprisoned by human dogmas and suffocated by rituals. From afar, He confesses His helplessness, lamenting how mankind has turned Him into a mere puppet to escape responsibility for their own joys and sorrows. I urge Him to share his grief with me, to reclaim His eternal beauty beyond the stains of misused revelations. Witnessing temples, shrines, graves, and pyres, I see the same longing expressed in countless forms. In the end, I realize that if God were to meet me– an atheist (मुल्हिद)–He too would find peace (बा-अमन) in my quiet, unburdened company, free from the suffocating expectations of religious hypocrisy.

आब-दीदा - नम आँखें
रानाइयाँ - ख़ूबसूरती , **बशर** - इंसान
फ़ातिहा - गुज़रे हुए लोगों की शांति के लिए पढ़ी जाने वाली दुआ
मुल्हिद - नास्तिक , **तर** - गीली
बा-अमन - शांति से / सुकून के साथ , **दर्दज़दा** - दर्द का मारा

इश्क़ आपसे न था कभी, कहता है 'सुर्ख़ बाज़',
इश्क़ ही रक़ीब था, जो बेवफ़ा मुझे कर बैठा।

"It was never you, whom I loved," says the Surkh Baaz,
"Love itself became my rival and turned me into a betrayer."

इंद्रधनुष

सुपुर्दगी का परचम सफ़ेद, होता उदास,
फ़लसफ़े में है ला-वजूद ख़ला – सफ़ेद एहसास।
बे-रहम दुश्मन पैदा करता सफ़ेद हिरास,
चुड़ैल आती है पहनकर सफ़ेद लिबास।
नौज़ाइदा बच्चा सफ़ेद क़ुंदाक़ में रोता,
कहते हैं अशहब दिखाते क़यामत का रास्ता।

ख़ौफ़ से भरा चेहरा होता है सफ़ेद,
मुँह में आया झाग भी होता है सफ़ेद।
फ़ानी लाश लिपटी वो चादर होती है सफ़ेद,
ताज़ियत का रंग सफ़ेद, ख़ाक भी सफ़ेद।
'सुर्ख़ बाज़' तहे-दिल से है, सबको जताता,
कायनात के रंगों को सफ़ेद है समाता।

नज़्म की रूह से...

"इंद्रधनुष" shows the symbolism of *white*—a color that carries both purity and despair. For me, white becomes the banner of surrender, the emptiness of existence, and the cold fear born of merciless enemies. It is the robe of witches, the cradle of newborns, and the path to apocalypse shown by pale horses. I see white in faces drained by terror, in the froth of dying breaths, and in the shroud that wraps lifeless bodies. White is the color of mourning, of dust, of silence. And yet, as I confess, white is also the ultimate absorber of all colours in the universe—an eternal paradox that holds within it both devastation and transcendence.

सुपुर्दगी - आत्मसमर्पण
फ़लसफ़े - दर्शनशास्त्र
ला-वजूद - अस्तित्वहीन
ख़ला - खालीपन
हिरास - खौफ़ /आतंक
नौज़ाइदा - नवजात / नया जन्मा हुआ
कुंदाक़ - नवजात बच्चे को लपेटने वाला कपड़ा

अशहब - सफ़ेद या राख के रंग का घोड़ा (अक्सर मौत के सफ़ेद घोड़े के संदर्भ में इस्तेमाल होता है)

फ़ानी - नश्वर / मिट जाने वाला

ताज़ियत - शोक

ज़िक्र था तारीकी की गहराइयों में,
हुस्न की तपिश का जश्न मनाता ज़माना;
बेबस 'सुर्ख़ बाज़',
रात ही तन्हा हो गई।

Whispers echoed in the depth of the darkness,
While the world was celebrating the fiery passion of beauty.
O helpless Surkh Baaz,
Even the night itself became lonely.

रुमाल

तर दिल में आता है ख़याल, ज़माना हुआ मलाल,
मोहब्बत का दिया जो था नज़राना, हुआ मलाल।

आए दिन जीना अब एक बहाना, हुआ मलाल,
अक्स-ए-ज़ात का महफ़ूज़ ठिकाना, हुआ मलाल।

मैं न किसी का, न है कोई मेरा अपना,
बड़प्पन भरता ख़ूब हर्जाना, हुआ मलाल।

वो लंबी बातें, वो चिड़ियों का चहकना,
गुलशन खिलना, प्यार बरसाना, हुआ मलाल।

नन्ही मासूमियत, कमसिनी का बेबाक जुनून,
रूठ गया तो बचपन से बेगाना, हुआ मलाल।

अनजान गलियों में सरगर्दां मैं भटकता,
संजीदगी के साये में दीवाना, हुआ मलाल।

महकते लम्हों को कर लिया मैंने मुख़्तसर,
तारीकी में अकेला रोता आशियाना, हुआ मलाल।

वो गुलाबी रुमाल जो मैंने रखा था कई साल,
बीती बातों का यादगार निशाना, हुआ मलाल।

बेवफ़ा अफ़साना हुआ मुख़्तसर 'सुर्ख़ बाज़',
इश्क़ अब सितमगर, तब परवाना, हुआ मलाल।

नज़्म की रूह से...

"रुमाल" describes sorrow that lingers in the heart, where every memory of love and innocence has turned into regret. What once was a gift of affection now feels like a burden, and life itself has become a mere excuse to survive. I find myself estranged, belonging to no one, carrying the weight of emptiness while recalling the long conversations, the laughter of birds, the blossoming gardens, and the purity of childhood that has slipped away. Wandering through unknown streets, I remain lost in shadows, clutching fading moments that once smelled of joy but now dissolve into darkness. Even the keepsake of a pink handkerchief, preserved for years, becomes a painful reminder of what is gone. In the end, love itself has betrayed me—once a flame of devotion, now a cruel torment—and all that remains is the ache of *मलाल*, the regret that defines my existence.

नज़राना - उपहार, भेंट
अक्स-ए-ज़ात - अपने ही वजूद (अस्तित्व) की परछाईं या अपनी आत्मा का प्रतिबिंब

हर्जाना - नुकसान की भरपाई
कमसिनी - छोटी उम्र, लड़कपन
बेबाक - निडर, बेखौफ़
बेगाना - पराया, अजनबी
सरगर्दां - भटकता हुआ या बेचैन
संजीदगी - गंभीरता
मुख़्तसर - संक्षिप्त
सितमगर - ज़ुल्म करने वाला
परवाना - शमा (दीपक) पर जान निसार करने वाला पतंगा

अंजान

अजीब ख़ालीपन क्यों दिल में होता, पता नहीं,
होंठ मुस्कुराते हैं तो दिल क्यों रोता, पता नहीं।

इस मोड़ पे बेख़बरी में क्या टूटा, पता नहीं,
भीड़ में अकेला मैं क्यों खोता, पता नहीं।

अरमान न सपना कोई, जाम-ए-बादा भरता नहीं,
क्यों अफ़सोस निगाहों को नहीं भिगोता, पता नहीं।

दीदार हो या फ़िराक़-ए-यार, कोई शिकवा नहीं,
क्यों गुज़रता ज़माना, दिल ना छूता, पता नहीं।

ना जाने क्यों डरते सब ख़ुदा की नाराज़ी से,
रब की नाराज़ी से किया मैंने समझौता, पता नहीं।

फ़लक से देखता कारवाँ-ए-ज़िंदगी 'सुर्ख़ बाज़',
चाहकर भी दिल को क्यों नहीं संजोता, पता नहीं।

नज़्म की रूह से...

"अंजान" is exploration of the inexplicable emptiness that lingers within the heart—a paradox where my lips may smile, yet my soul quietly weeps. I find myself lost in crowds, broken at unknown turns, unable to anchor my own reflection. Dreams and desires no longer fill the cup of life, and even the passage of time fails to touch me. I question why people fear God's displeasure, while I myself remain uncertain whether I have made peace with Him or not. Watching the journey of life from the sky, I wonder why, despite all longing, I cannot preserve my own heart.

अरमान - इच्छा, तमन्ना
जाम-ए-बादा - शराब का प्याला
दीदार - दर्शन, झलक
फ़िराक़-ए-यार - प्रिय से जुदाई, महबूब से विरह
फ़लक - आसमान या आकाश
कारवाँ-ए-ज़िंदगी - ज़िंदगी का काफ़िला
संजोता - सँभाल कर रखता

यक़ीन

हमारा मिज़ाज ही है कुछ ख़ास,
जब से ली है हमने पहली साँस,
मायूसी और ग़म का नहीं एहसास।

जीना है हमारा कुछ अलग ही साज़,
इश्क़ का हमारा है जो क़ातिलाना अंदाज़,
यार तो ख़ैर, दुश्मन के हैं हमराज़।

कमसिनी का मज़ा ही बड़ा मदहोश है,
बुढ़ापे का ना ग़म, दिल में वही जोश है,
कफ़न को जो हमने लिया आग़ोश में है।

रब है पूछता, क्या आती है मेरी याद?
'सुर्ख़ बाज़' हिला रहा है मेरी बुनियाद,
ख़ुदा ही हमसे पूछता, क्या है मुराद।

नज़्म की रूह से...

"यक़ीन" is rooted in extreme self-realization and the elevation of the self above worldly sorrows (*मायूसी और ग़म का नहीं एहसास*). This is the exact definition of legendary Allama Muhammad Iqbal's core philosophy of *ख़ुदी*. The persona is so magnified and confident that it remains completely unfazed by time, aging, or despair. The line *"ख़ुदा ही हमसे पूछता, क्या है मुराद" is* a parallel to Iqbal's most famous philosophical stance — it echoes Iqbal's legendary, immortal couplet:

ख़ुदी को कर बुलंद इतना कि हर तक़दीर से पहले,
ख़ुदा बंदे से ख़ुद पूछे, बता तेरी रज़ा क्या है/

"कफ़न को जो हमने लिया आग़ोश में है" reflects Iqbal's concept of "The Perfect Man", who welcomes death not as a terrifying end, but with fearless embrace.

"यक़ीन" is my abstract of defiance and vitality—an affirmation that my existence is defined not by resignation, but by passion, audacity, and an unyielding dialogue with God Himself.

मिज़ाज - स्वभाव, प्रकृति या रवैया

साज़ - संगीत
हमराज़ - ऐसा व्यक्ति जिससे दिल की हर बात साझा की जा सके।
कमसिनी - छोटी उम्र, लड़कपन
आग़ोश - बाँहों का घेरा
बुनियाद - नींव

कौन कहता है ख़ौफ़नाक है दीदार-ए-क़यामत, 'सुर्ख़ बाज़',
जब कफ़न को हमारे आपने सजाया है।

Who says the sight of Doomsday is terrifying, 'Surkh Baaz',
When you have adorned my shroud.

नहीं है

गुज़रा हुआ वक़्त फिर आता नहीं है,
दर्द अपने कभी जताता नहीं है।

क्या सही या ग़लत बताता नहीं है,
आज की उलझनें सुलझाता नहीं है।

कटता है वक़्त, कभी थमता नहीं,
कैसे दुरुस्त करें, समझाता नहीं है।

कहीं पहाड़ है, कहीं अमीक़ खाई,
कहीं गिर पड़ें तो उठाता नहीं है।

समझे तो साज़, ना समझे तो आवाज़,
वक़्त की नज़्म कोई सुनाता नहीं है।

ला-वजूद हैं रंजिशें 'सुर्ख़ बाज़',
ना जाने वक़्त क्यों सहलाता नहीं है?

नज़्म की रूह से...

"नहीं है" is meditation on the relentless passage of time, which never returns, never explains, and never heals. Time moves on without pausing, leaving to wrestle with its silence—never clarifying what was right or wrong, never soothing the wounds it creates. To some, it may sound like music, to others only noise, but its true song remains unheard. Even as resentments fade into nothingness, I wonder why time itself refuses to console. It remains an unanswered question.

अमीक़ - बहुत गहरी
साज़ - सुर
नज़्म - कविता या काव्य
ला-वजूद - जिसका कोई वजूद (अस्तित्व) न हो
रंजिशें - मनमुटाव, आपसी बैर
सहलाता - प्यार से हाथ फेरता

वजूद

करनी नहीं गुफ़्तगू,
होना नहीं रूबरू,
अब यही है आरज़ू।

अक्स हुआ गुमशुदा,
सारा याराना नापैदा,
यही चाहत बख़ुदा।

निगाहें हैं अश्क़ज़दा,
अल्फ़ाज़ हुए सक्ताज़दा,
अज़ीयत नहीं अब दर्दज़दा।

वक़्त क्यों गुज़रता नहीं,
दिन क्यों अब ढलता नहीं,
रात का साया आता नहीं।

नहीं जीने में सुकून,
नहीं मरना है मज़मून,
सराब है ज़माना-ए-क़ानून।

अक्स-ए-ज़ात से है फ़िराक़,
कोई याद नहीं दर्दनाक,
जज़्बात ही हुए गुस्ताख़।

ख़ुदा खेल रचाने वाला,
कहता, "निकला तेरा दिवाला,
अब मैं हूँ तेरा रखवाला।"

ख़ुदा बड़ा है फ़सूँगर,
रब का वजूद कहाँ उजागर,
'सुर्ख़ बाज़' ख़ुद का बाज़ीगर।

नज़्म की रूह से...

"वजूद" is my confession of estrangement from both the world and myself, where silence becomes my only desire and absence my only companion. I speak of lost reflections, vanished friendships, and eyes heavy with tears, yet no pain remains—only numbness. Time itself seems frozen, refusing to pass, while life offers no peace and death no meaning. I wander in illusions, separated from my own essence, with emotions turning rebellious. In this state, even God appears as a conjurer, declaring my ruin yet claiming to be my guardian. I reclaim my absolute sovereignty, declaring that in a universe devoid of clear divine intervention, I alone am the master and illusionist of my own destiny and stand as my own gambler against fate.

नापैदा - जो अब मौजूद न हो

अश्क़ज़दा - आंसुओं से भरी हुई

सक्ताज़दा - सन्न रह जाना

अज़ीयत - तकलीफ़

मज़मून - विषय

सराब - मृगतृष्णा
ज़माना-ए-क़ानून - समाज के कायदे-क़ानून
अक्स-ए-ज़ात - अपने ही वजूद या आत्मा का प्रतिबिंब
फ़िराक़ - दूरी
फ़सूँगर - जादूगर या तिलिस्म रचने वाला

जनाज़ा देख किसी का सारा ज़माना थम जाता है 'सुर्ख़ बाज़',
शरीक तू भी उसी तरफ़ चल रहा है।

Watching a funeral pass, the entire world stands still, O Surkh Baaz,
You too are a silent traveler, travelling towards that exact same end.

परवाज़

अकेले ही बुलंदी की चोटी पर है चढ़ना,
दुरुस्त-ओ-ग़लत की कश्मकश को सुलझाना।

राह पर कहीं थमने की नहीं है इजाज़त,
ज़िंदगी की यही है सबसे बड़ी अज़ीयत।

हाथ कई बार थामेंगे, कई हाथ छूटेंगे,
चंद लम्हों की इस हक़ीक़त से हम गुज़रेंगे।

बहलाना नहीं इस सराब से कभी दिल को,
गहरी खाई में झोंकना ना ख़ुद को।

क्या आज क्या कल, लम्हे हैं सब गुज़रे हुए,
रखा नहीं तकल्लुफ़, जो भी पल बीत गए।

हम ही ग़लत हैं, ऐसा बर्ताव लोग करेंगे,
हम किसी से कम नहीं, यह याद रखेंगे।

चंद लम्हों की दास्ताँ, अब करनी है परवाज़,
ज़माना है बड़ा ज़ालिम, क्या करे 'सुर्ख़ बाज़'।

नज़्म की रूह से...

"परवाज़" reflects the existential struggle of a soul climbing the summit of life alone, burdened by the constant tension between right and wrong. It portrays the agony of a journey that allows no pause, where fleeting moments of companionship vanish and illusions tempt the heart toward ruin. Yet, despite judgment and rejection, the protagonist asserts inner strength, refusing to forget their worth. In the end, one has to rise and take flight, despite the cruelty of the world.

तकल्लुफ़ - औपचारिकता, दिखावा
परवाज़ - उड़ान
दुरुस्त-ओ-ग़लत - सही और ग़लत
कश्मकश - दुविधा, उलझन

यादें

यादें कई ज़ेहन में छुपी हुई हैं,
ज़माने के रहम पर नपी हुई हैं।

आईं होंठों तक, बयाँ नहीं हुई हैं,
जज़्बात से लदी, ख़ामोश पड़ी हुई हैं।

मुस्तक़बिल हो जाता है कोई याद पुरानी,
यादों की हस्ती माज़ी में दबी हुई है।

क़ुर्बत की आग में जली यादें अनजान हैं,
हसरत की आवाज़ नहीं, भूली छवि हुई है।

लम्हों को सारे समेट लेना ही है बेहतर,
ग़म की मारी निगाहें भी सिली हुई हैं।

लम्हे सभी हैं फ़रेबी, हस्ती है दाग़दार,
राह कटे ना कोई, ज़िंदगी ही रुकी हुई है।

ज़माना जश्न मनाता, मायूस तेरा बसेरा,
अक्स-ए-ज़ात बेज़ुबाँ, तू जो बिकी हुई है।

नज़्म की रूह से...

"यादें " is meditation on the burden of memories—hidden deep within the mind, measured against the mercy of time, and silenced before they can be spoken. The very fate of future is becoming a memory that remains trapped in the past, burning in the fire of closeness and fading into forgotten images. I gather fleeting moments, even as grief stitches my gaze shut, and realize that every instant is deceptive, leaving existence scarred and halted. While the world celebrates, my dwelling remains steeped in sorrow, my reflection voiceless, and I myself sold to time's cruelty.

मुस्तक़बिल - भविष्य या आने वाला कल
माज़ी - अतीत, बीता हुआ समय
हस्ती - पहचान
क़ुर्बत - नज़दीकी
हसरत - अधूरी इच्छा
फ़रेबी - धोखेबाज़
दाग़दार - कलंकित

माज़ी

रिश्तों की रियाज़ी का मिलता न कोई हल,
बढ़ती उम्र जब बन जाती है हमसफ़र।

सफ़र-ए-ज़िंदगी में गुज़र जाते हैं कई मक़ाम,
दहलीज़ें होती हैं अश्क़ार, एक-दूसरे के दरमियाँ।

वक़्त है ज़ाया सोचने में, क्या हुआ ग़लत;
गुज़रे ज़माने की यही होती है फ़ितरत।

'सुर्ख़ बाज़' रखे न बाक़ी कोई शिकवा,
ज़ब्त-ए-ग़म बचा है, अब एक ही रास्ता।

नज़्म की रूह से...

"माज़ी" explores the complex calculations of relationships as time fleets and age advances. Over time, invisible boundaries become evident, creating rifts between those who were once incredibly close. We are often left to wonder what exactly went wrong, yet unfortunately, no answers are ever found. Ultimately, it is better to tread one's own path—quietly bearing the sorrows encountered along the way—rather than casting blame upon the past.

रियाज़ी - गणित, या हिसाब-किताब। (कविता में - "रिश्तों का गणित या उलझनें")

अश्क़ार- ज़ाहिर होना, स्पष्ट होना

ज़ब्त-ए-ग़म - दुख को सहना, अपने ग़म पर काबू पाना

हम

क्या दोहराएँ पहल शब की हुई है,
हमारी ये दास्ताँ एक हिचकी हुई है।

देखे सपने हमने, रात हो न हो,
राह चले तो मंज़िल भटकी हुई है।

क़फ़स-ए-हयात की सुनहरी ज़ुल्मत से,
परवाज़ हमारी कहाँ खटकी हुई है।

आब-ए-बक़ा में थमी कश्ती जो,
सुपुर्द-ए-मौज होने रुकी हुई है।

हस्ती का नशा इतना, बादा पानी लगे,
ख़ूब पिया हमने, साक़ी थकी हुई है।

क्या इनायत, क्या वफ़ा, तू बस सराब है,
घिन से लबरेज़ साँस मेरी अटकी हुई है।

क्या तूफ़ान? मौत है ज़िंदगी का साहिल,
हमराह कश्ती, उस डगर सरकी हुई है।

यक़ीं जगाना तो आज़माइश-ए-रब जो,
बदन से तो अक़ीदत झटकी हुई है।

मरना हमने जी लिया है 'सुर्ख़ बाज़',
मौत तो हमारे आगे झुकी हुई है।

नज़्म की रूह से...

"हम" reflects a profound meditation on the fragility of human existence, the illusions of worldly attachments, and the inevitability of death. Dreams, struggles, and fleeting pleasures are juxtaposed against the stark reality of mortality, revealing how life's journey often feels uncertain, obstructed, or deceptive. The imagery conveys both confinement and transience, ultimately expressing the futility of worldly pursuits. An elevated sense of pride emerges in the fearless embrace of death—not as terror, but as quiet surrender. Here, mortality itself bows before the tormented human spirit, one that has already endured dying as a way of life."

शब - रात

क़फ़स-ए-हयात - ज़िंदगी का पिंजरा (जीवन रूपी क़ैद)

आब-ए-बक़ा - अमृत , **ज़ुल्मत** - अँधेरा

सुपुर्द-ए-मौज - लहरों के हवाले कर देना

इनायत - कृपा, मेहरबानी

साहिल - किनारा , **लबरेज़** - पूरा भरा हुआ

अक़ीदत - श्रद्धा, आस्था , **आज़माइश** - परीक्षा, परख

रंग

हँस पड़ूँ मैं इस क़दर कि, अश्क भी हँसने लगे,
नूर हो ऐसा कि साक़ी, मुफ़्त मय पीने लगे।

साज-ओ-श्रृंगार से ये, रानाइयाँ कुछ यूँ बढ़ीं,
हुस्न की तपिश से रौशन, महताब भी जलने लगे।

रंग में तेरे कुछ ऐसे, रंग गए हैं आज हम,
छोड़ कर हीर को राँझा, रश्क अब करने लगे।

रौनक़-ए-ज़ाहिर न भाये, पा के रंग-ए-उल्फ़त,
अब हमें ला-तअल्लुक़ी ही, बस सही लगने लगे

दे के रब का वास्ता, जब सैकड़ों मारे गए,
छोड़ दोज़ख़-ओ-जन्नत, दिल की राह चलने लगे।

क्या बवंडर, क्या ही तूफ़ाँ, चल पड़े तन्हा सफ़र,
मुड़ के देखा तो हमारे, हमसफ़र बहने लगे।

इंक़लाब-ओ-ख़ूँ है लाल, और क़ुर्बां 'सुर्ख़ बाज़',
लाल इश्क़ का मलाल ले, गुल यहाँ खिलने लगे।

नज़्म की रूह से...

"रंग" portrays the paradoxes of human experience — laughter so intense that even tears begin to laugh, and a radiance so powerful that the sāqī also starts drinking wine freely. Beauty, adorned with embellishments, grows so dazzling that even the moon burns in its glow. The love is so intense that even Ranza is envious. Outward glitter no longer appeals; instead, detachment itself feels right. When countless lives are sacrificed in God's name, the poet rejects heaven and hell, choosing instead the path of the heart. Amid storms and whirlwinds, he sets out alone, only to find companions lost somewhere in the flow. Finally, revolution and sacrifice, blood and passion — all in red — bloom into a garden, where love's sorrow itself nurtures blossoms.

लबरेज़ – भरपूर, परिपूर्ण
निहाल – आनंदित, प्रसन्न
तपिश – गर्माहट, तीव्रता
रश्क़ – ईर्ष्या, जलन
रौनक़-ए-ज़ाहिर – बाहरी चमक-दमक

ला-तअल्लुक़ी – उदासीनता, अलगाव
दोज़ख़ – नरक
इंक़लाब - क्रांति, बदलाव
क़ुर्बानी – बलिदान
मलाल – खेद, पीड़ा

हस्ती-ए-इंतक़ाल में ख़ौफ़ है शामिल 'सुर्ख़ बाज़',
क्या मौत क्या ख़ौफ़, अजल ही कहाँ कामिल हुई है।

In the very being of departure, fear is present, 'Surkh Baaz';
what can death do? what can fear do? for destiny itself is nowhere near completeness.

अफ़साना

अनगिनत सितारे चमकते हैं फ़लक पर, क़ुत्ब तारा एक होता है।
वीरानी से क्या घबराना, हमारी जुदाई से डर तन्हा होता है।

पैदाइश नंगी, ख़ाक भी नंगी; होता है वाक़िया सिर्फ़ पर्दादारी।
बे-लिबास है आलम सारा, लिबास-ए-फ़ख़्र एक फ़साना होता है।

मैख़ाने का अलग है दस्तूर, वहाँ अवामी क़ानून फ़ुज़ूल होता है।
अमीर नहीं कोई, ना कोई फ़क़ीर; यहाँ ख़ुदा भी एक रिंद होता है।

ग़म से लबरेज़ कोई, ख़ुशी से निहाल; यहाँ माशूक़ा है साक़ी।
टूटा समेटकर आलम सारा, फ़ज़ा-ए-उम्मीद से उजागर होता है।

अगर सागर है प्यासा तो दो बूँदों में अफ़साना छिपा होता है;
कभी ख़ुशनुमा, कभी ग़म से हारा, हाल-ए-दिल बेज़ुबाँ होता है।

सहरा वीरान, गुलज़ार गुलिस्ताँ; यही असली दास्ताँ 'सुर्ख़ बाज़'।
क्या प्यासा सागर, क्या ख़ुशी-ओ-ग़म – एक क़तरे में जीना होता है।

नज़्म की रूह से...

"अफ़साना" reflects on the paradoxes of existence, love, and human struggle. It begins by contrasting countless stars with the singular guiding pole star, showing how separation and loneliness weigh heavier than abundance. Birth and death are both naked truths, while worldly pride is a mere illusion. In the tavern, social hierarchies dissolve—there is no rich or poor, even God appears as a reveler. Joy and sorrow are poured by the beloved-as-cupbearer *(saqi)*, and even brokenness is illuminated by hope. The ocean's thirst is hidden in just two drops, symbolizing how vast stories can reside in small experiences. Ultimately, deserts and gardens, sorrow and joy, all merge into one essence life: All of existence condenses into one breath, and it is in each breath that life must be lived

---

क़ुत्ब तारा - ध्रुव तारा
वाक़िया - घटना, हादसा
पर्दादारी - पर्दा रखना
लिबास-ए-फ़ख़्र - गर्व, घमंड या फ़ख़्र का पहनावा

फ़साना / अफ़साना - कहानी
दस्तूर - नियम, क़ायदा
रिंद - शराब पीने वाला, मस्तमौला
फ़ज़ा-ए-उम्मीद - उम्मीद का माहौल
सहरा - रेगिस्तान

गुमनाम

आब-ए-नूर लगे चुभन,
जुदाई-ए-तारीकी एक घुटन,
गुमनाम अँधेरा लगे प्यारा।

हस्ती पे सवेरा एक शिकन,
भोर में कहाँ है अमन,
वहाँ नहीं है मेरा किनारा।

गुज़र गया ख़ुमार-ए-जवाँ,
ज़ीनत अब पुख़्ता पैमान,
यही है वक़्त का इशारा।

क्या तख़्त क्या ताज, नहीं धड़कन;
आब-ओ-शबाब बस एक सिसकन,
रब-ओ-वफ़ा नहीं बान हमारा।

दिल-ओ-दिमाग़ में अजीब उलझन,
हर एक लफ़्ज़ मेरा काफ़िर सुख़न,
गूँज उठा है ख़ामोश इकतारा।

रब से परे है मेरा आँगन,
तो कफ़न भी लगता है चमन;
मुल्हिद 'सुर्ख़ बाज़' मैं आवारा।

नज़्म की रूह से...

"गुमनाम" is a portrayal of myself as a restless soul, wrestling with anonymity, disillusionment, and rebellion against both divine and worldly order. The piercing light and suffocating darkness reveal my pain of separation and my strange comfort in obscurity. Dawn feels fractured to me, offering no peace or belonging. My youthful intoxication has faded, leaving only the stern measure of time, while thrones and crowns seem hollow —life's pleasures reduced to sighs, with faith and loyalty abandoned. My words, branded as heretical, echo like a silent instrument, exposing the turmoil within me. In the end, I declare that my realm lies beyond God, where even a shroud feels like a garden. I embrace exile and defiance as a wandering unbeliever, finding beauty in rebellion and ruin.

आब-ए-नूर - रौशनी की चमक
जुदाई-ए-तारीकी - अंधकार से बिछड़ना
शिकन - सिलवट

ख़ुमार-ए-जवाँ - जवानी का नशा
ज़ीनत - सजावट, सुंदरता
आब-ओ-शबाब - जवानी की चमक-दमक
बान - आदत, स्वभाव
काफ़िर सुख़न - बागी बात, धार्मिक मान्यताओं से अलग
चमन - बाग़

हो जाए मल्हार

दहलीज़ पे तेरी पढ़ा कलमा हमारा,
हो जाए मल्हार।
हस्ती का साया करे ख़ामोश पुकारा,
हो जाए मल्हार।
ज़ुल्फ़ों से सबा करती है बेबाक गुस्ताख़ियाँ,
ज़माना अगन में जल गया आवारा,
हो जाए मल्हार।
"दाग़-दार हूँ मैं", हैं ये महताब की अब रुसवाइयाँ,
बेदाग़ हुस्न का देखा जो सितारा,
हो जाए मल्हार।
रब ने नज़ाकत से सँवारा, बढ़ गईं बेक़रारियाँ,
बंद आँखों से दिखे ये नज़ारा,
हो जाए मल्हार।
'सुर्ख़ बाज़' का तू ही है मंदिर-ओ-मज़ार बख़ुदा मगर,
रब से बढ़कर पाक है दीदार तुम्हारा,
हो जाए मल्हार।